LES

SIX PHASES

DE LA

COMPAGNIE DU NORD-EST

Par GEORGES DUCHÊNE.

En vente au bureau de l'*Écho du Nord*, à Lille.

Prix : 1 franc.

LILLE, IMPRIMERIE LELEUX, GRANDE-PLACE, 8

1870

LES SIX PHASES

DE LA

Compagnie du Nord-Est.

De toutes les entreprises de chemins de fer départementaux, il n'en est point qui ait tenu plus de place dans les préoccupations du monde industriel et financier que la Compagnie du Nord-Est. Sympathies et attaques lui ont été prodiguées comme s'il s'agissait d'un des six grands monopoles de nos voies ferrées. L'historique que nous en traçons ici est la conséquence même de l'importance exceptionnelle accordée à un ensemble de 302 kilomètres qui, à ne considérer que le réseau en lui-même, ne vaudrait pas le bruit qu'on en a fait.

Qu'y avait-il de particulièrement intéressant en cette affaire ? — C'est ce que nous allons rechercher dans les pièces les plus authentiques du dossier.

Première phase.

LES PRÉLIMINAIRES DE LA CONCESSION.

Le rapport de M. Plichon au Conseil général du département du Nord, session extraordinaire de 1869, nous fournit l'entrée en matière :

« L'an dernier, dit-il, le gouvernement, par une mesure d'ensemble, a décrété l'exécution de 3,260 kilomètres de chemins de fer nouveaux. 1,464 kilomètres ont été concédés directement aux grandes compagnies autres que celle du Nord, qui était restée étrangère à ce mouvement. 1,796 kilomètres ont été classés pour être entrepris par l'Etat, dans les conditions de la loi de 1842, et devenir ultérieurement l'objet de concessions.

» Dans l'ensemble des lignes décrétées, le département du Nord n'avait obtenu qu'un petit chemin de 20 kilomètres, celui de Gravelines à Watten. Plus tard est intervenue une convention entre le gouvernement et la Compagnie du Nord, par suite de laquelle cette dernière a reçu la concession des chemins de fer :

» D'Arras à Etaples,

» De Béthune à Abbeville,

» De Gravelines à Watten,

déjà décrétés législativement, ainsi que ceux :

» De Comines à Lille,

» De Menin à Tourcoing,

» De Luzarches à la ligne de Pontoise.

» Une subvention de 24,500,000 fr. était accordée à la Compagnie du Nord pour l'exécution de ces lignes, qui ne comportaient qu'un développement de 257 kilomètres (1), et une garantie de 4 65 °/₀ sur le reste de la dépense.

(1) Soit 95,332 fr. de subvention par kilomètre.

» Sur un ensemble de 3,312 kilomètres, ainsi concédés ou décrétés, le département du Nord n'en obtenait que 46. Sa part, on le voit, était loin de répondre à ses besoins.

» La commission du Corps législatif chargée d'examiner le projet de loi relatif à la convention avec la Compagnie du Nord a été saisie, par voie d'amendement, de la demande de plusieurs chemins nouveaux, notamment de ceux dont le département réclamait l'exécution. Elle était disposée à céder aux vœux qui lui étaient déférés, et il lui avait paru que la Compagnie du Nord pouvait exécuter ces chemins nouveaux sans accroître le chiffre de la subvention, *qui avait paru excessive*. Une compagnie étrangère, d'ailleurs, qui a déjà exécuté de nombreux chemins de fer en Belgique, et qui en exploite 850 kilomètres, se présentait pour les soumissionner, avec ceux compris dans la convention, sans augmentation du chiffre de la subvention.

» M. le ministre des travaux publics, sans méconnaître l'utilité de ces nouvelles lignes, refusa d'une manière absolue de les concéder. »

En effet, sur la fin de 1868, des propositions avaient été faites au gouvernement français par des soumissionnaires belges. Elles avaient été écartées parce que M. le ministre exigeait des *répondants français*. Alors des personnes notables de la contrée, députés, conseillers généraux, membres des chambres de commerce, grands industriels, que leur position désigne naturellement comme les promoteurs des entreprises d'utilité *régionale*, s'adressèrent aux soumissionnaires belges éconduits, et leur demandèrent quelles seraient leurs conditions fermes. Ceux-ci déclarèrent qu'ils étaient prêts à signer :

Pour la construction, un prix à forfait à 150,000 fr. par kilomètre (voie en état, matériel et intérêt pendant la durée des travaux) ;

Pour l'exploitation, un prix de 7,500 fr. par kilomètre, tant que le produit brut kilométrique ne dépasserait pas 15,500 fr.

Dans ces conditions, étant donnée et certifiée la solvabilité des entrepreneurs belges, contestée plus tard dans les polémiques, — l'entreprise n'offrait plus d'*alea*. Par contre la stipulation précitée était foncièrement illégale; tous les récents cahiers des charges contiennent en effet la clause suivante qui, dans la concession du Nord-Est, forme l'article 27 :

« Tout *marché général* pour l'ensemble du chemin de fer, soit *à forfait*, soit sur série de prix, est formellement interdit. »

Deuxième phase.

LA CONCESSION.

La clause prohibitive des marchés à forfait, dont nous n'avons pas à faire ici la critique, fut justement le point culminant du projet, la cause déterminante de sa réalisation. Devant la fixation d'un maximum de dépenses relativement peu élevé, les notables du Pas-de-Calais, du Nord et de l'Aisne se mirent en mouvement. Ils ignoraient probablement le vice fondamental de la base sur laquelle ils s'appuyaient. Le cahier des charges d'ailleurs n'était pas encore rédigé. Quoi qu'il en soit, par décret du 22 mai 1869, inséré au *Journal officiel* du 22 juin suivant, fut approuvée une convention portant que :

MM. Comte Anatole de Melun, ancien député du Nord;
Comte Charles Werner de Mérode, ancien député du Nord;
Louis Dupont, banquier à Douai et à Valenciennes;
Florimond de Coussemaker, propriétaire à Dunkerque;
Isidore David Portau, ancien préfet du Nord;
Benjamin Labarbe, conseiller général de la Seine-Inférieure;

agissant tant en leur nom personnel qu'au nom de :

MM. Henri Bernard, ancien conseiller général du Nord;
Jules Brabant, maire de Cambrai;
Wallerand, président de la chambre des arts et manufactures de Cambrai;
Lebleu, ancien député du Pas-de-Calais;
Baron Alexis de Lagrange, propriétaire à Douai;

Gustave Wattine, de la chambre des arts et manufactures de Roubaix;
Comte d'Hespel, conseiller général du Nord;
Ernest Masurel, négociant à Tourcoing;

obtiennent la concession des chemins de fer suivants :

1° CONCESSIONS DÉFINITIVES :

De Lille à Comines, par Quesnoy-sur-Deûle;
De Tourcoing à Menin, par Halluin;
De Gravelines à Watten (à la ligne de Lille à Calais);
De Boulogne à Saint-Omer, par Desvres et Lumbres.

2° CONCESSIONS ÉVENTUELLES :

De Saint-Omer à Berguette;
De Berguette à Armentières;
De Dunkerque à Calais, par Gravelines;
De Somain à Tourcoing-Roubaix, par Orchies et Cysoing;
D'Erquelines à Fourmies ou Anor;
De Chauny à la ligne de Soissons-Laon, près d'Anizy.

Clauses du cahier des charges.

Les concessions provisoires seront nulles pour les lignes dont l'utilité publique n'aura pas été déclarée dans le délai de quatre ans.

Longueur concédée : 302 kilomètres.

Durée de la concession : quatre-vingt-dix-neuf ans à dater de l'achèvement des travaux.

Cautionnement à fournir : 1,500,000 francs.

Les travaux devront être commencés sous un an, à partir du décret d'utilité publique, et terminés dans un délai de six ans.

Garantie : 5 % (savoir : 2 1/2 par l'Etat, 2 1/2 par les départements du Nord, du Pas-de-Calais et de l'Aisne, pour leurs tronçons respectifs, sans solidarité toutefois entre l'Etat et lesdits départements), sur un capital qui ne pourra excéder, pour l'ensemble des lignes d'un même département, 150,000 francs par kilomètre à construire et 8,000 francs par kilomètre à exploiter.

Cette garantie sera applicable pour chaque ligne, à partir du 1er janvier de la quatrième année qui suivra son achèvement. Jusque-là les déficits, s'il s'en produit, s'imputeront au compte de premier établissement, sans que la majoration de ce chef puisse dépasser 20,000 francs par kilomètre.

Durée de la garantie : cinquante ans.

Terrains et ouvrages d'art pour deux voies.

Terrassements et rails pour une voie.

Courbes pouvant descendre à 500 mètres de rayon, et même jusqu'à 300 mètres aux abords des stations.

Rampes maxima : 16 millimètres par mètre.

Poids minimum des rails : 35 kilogrammes par mètre.

TARIFS.

Par tête.

	Par kilomètre.		
	péage.	transp.	total.
Voyageurs : 1re classe.......	0.067	0.033	0.10
— 2e —	0.05	0.025	0.075
— 3e —	0.037	0.018	0.075
Bœufs, chevaux, mulets......	0.07	0.03	0.55
Veaux, porcs.	0.025	0.015	0.10
Moutons, chèvres............	0.01	0.01	0.02

Par tonne.

Messageries.	0.20	0.16	0.36
Petite vitesse : 1re classe.....	0.09	0.07	0.16
— 2e —	0.08	0.06	0.14
— 3e —	0.06	0.04	0.10
— 4e —	0.05	0.03	0.08
— —	0.03	0.02	0.05 (1)

(1) Quand le trajet dépasse 300 kilomètres.

Appréciations de la Compagnie du Nord sur ces concessions :

A l'assemblée du 26 avril 1869, le rapporteur de la Compagnie du Nord appréciait en ces termes les faits que nous venons de raconter :

« Au mois de juin 1868, votre conseil d'administration avait conclu avec M. le ministre des travaux publics une convention *provisoire* par laquelle il était fait à la Compagnie concession de plusieurs nouvelles lignes se rattachant au réseau du Nord. Cette convention a été soumise au Corps législatif à raison des stipulations financières qu'elle renfermait. Mais pour divers motifs, notamment à raison de l'époque avancée de la session, le projet ne put être discuté en 1868.

»Dans l'intervalle des deux sessions, des faits importants se sont produits ; le gouvernement a désiré ajouter aux concessions nouvelles d'autres lignes réclamées par voie d'amendement à la Chambre des députés, et par délibérations spéciales dans les conseils généraux des départements desservis par notre réseau. En conséquence, des négociations nouvelles ont été entamées, et votre conseil d'administration a dû se préoccuper du changement survenu dans la situation.....

» Nous devions avoir en vue spécialement les transports à longs parcours qui s'effectuent sur nos lignes. Il importe, en effet, de préserver, autant que possible, notre trafic des détournements qui pourraient être la conséquence des concessions projetées. Tel est l'ordre d'idées dans lequel nous nous sommes placés.

» Le gouvernement a cru devoir prendre pour base des concessions à accorder le système de la garantie d'intérêt applicable à un *capital limité ;* mais il attachait à ce système, en ce qui nous concerne, des conditions qui auraient modifié d'une manière défavorable aux intérêts de la Compagnie, la garantie de 4 fr. 65 0/0 du nouveau réseau de 1857 et 1862, ainsi que la limite du revenu réservé avant partage sur l'ancien réseau.

» Il n'était pas possible à votre conseil de consentir à modifier, *sans compensations suffisantes*, les conditions qui nous avaient été accordées par les lois antérieures. Il a dû craindre, en outre, de s'engager à construire à forfait des nouvelles lignes à raison de 150,000 fr. par kilomètre. C'est un chiffre, en effet, qui n'a été l'objet d'aucune étude sur le terrain, et notre propre expérience nous a appris qu'il avait toujours été notablement dépassé.

» Le gouvernement, tout en manifestant à l'égard de notre Compagnie des intentions bienveillantes, a donc pris le parti de concéder à une Compagnie spéciale, dans des conditions qu'il ne nous appartient pas d'apprécier ici, un certain nombre de lignes (1). »

Les préoccupations du monopole.

L'intérêt du pays, autant qu'on en peut juger par la citation précédente, ne tient aucune place dans les préoccupations de l'administration du Nord. Sa sollicitude se porte exclusivement sur la défense de son trafic, sur le maintien ou l'extension des avantages stipulés en 1857 et 1862, sur son produit réservé, sur la nécessité d'écarter les lignes concurrentes. Ses conditions avec l'Etat ont été remaniées une soixantaine de fois depuis la concession originelle, et toujours avec aggravation de charges pour le trésor public : une saine tradition dont il ne faut pas se départir.

Au prix fixé par la convention de 1868, abandonnée, comme il vient d'être dit, la subvention ressortissait à 95,332 fr. par kilomètre à la charge de l'Etat, des

(1) La Compagnie du Nord conservait les lignes d'Arras à Etaples, de Béthune à Abbeville, de Luzarches à la ligne de Pontoise, à construire dans les conditions de la loi de 1842.

départements et des communes. Les 302 kilomètres dont nous venons d'indiquer le tracé, qui seront exécutés *sans subvention*, auraient pris à l'impôt 28,790,264 francs, et une garantie de 4 65 0/0 sur le surplus du capital dépensé par la Compagnie. Au gouvernement les gros frais et les risques; aux sociétés les profits certains : voilà comment sont gérés les intérêts de la nation à la Direction des Travaux publics; voilà ce que les monopoles appellent des *compensations suffisantes*. Les concessionnaires du 22 mai 1869 venaient briser la tradition et bouleverser cette déplorable économie.

Remarquons encore la répugnance de la Compagnie contre le prix de 150,000 fr. par kilomètre, constaté suffisant par mainte expérience. Il est de principe, en effet, dans l'école de M. de Franqueville, que les chemins de fer doivent coûter cher, sous peine de compromettre l'art et la science. En vain l'outillage a décuplé les moyens et les forces; en vain le prix des fers a diminué de moitié depuis 1842; le coût kilométrique doit rester ce qu'il était au début. Nous connaissons la moralité pratique de cette doctrine; mais ce n'est pas ici l'occasion de la développer.

Idées réformatrices des concessionnaires.

Le bon marché des chemins avait été le premier objectif des concessionnaires, comme en témoigne le rapport précité de M. Plichon.

« Nous avons dit que la subvention stipulée avec la Compagnie du Nord avait paru *excessive* à la commission du Corps législatif. Il est inutile d'ajouter ici que relativement aux chemins situés dans le département du Nord, elle s'était convaincue qu'elle n'était pas nécessaire. Le relief de son sol permet d'exécuter des chemins de fer qui coûtent peu, et la densité de sa population, ainsi que son activité matérielle, assurent à leur exploitation un trafic élevé. Toutefois, il leur avait paru nécessaire d'accorder une garantie d'intérêt, moins pour couvrir les insuffisances des produits de l'exploitation que pour assurer la constitution du capital. »

Nous verrons plus loin que la Compagnie du Nord, par son affermage de l'exploitation, estime aussi qu'il n'était pas même besoin d'affecter une garantie d'intérêts à ces 302 kilomètres pour lesquels elle venait de demander plus de 28 millions de subvention.

Les visées des concessionnaires ne s'arrêtent pas au bon marché du réseau ; ils ne tendent à rien de moins qu'à révolutionner les conditions du trafic.

« Les propositions contenues dans la lettre de M. le directeur, continue le rapport au Conseil général, ont un caractère de grandeur qui a frappé votre commission : c'est la constitution du *réseau concurrent* du Nord dans des conditions qui lui permettent de *soutenir victorieusement la concurrence* avec son redoutable rival. »

Les préoccupations du comité ne s'arrêtent pas là ; il va jusqu'à prévoir et prévenir les effets désastreux des tarifs de *détournement* — une expression non moins cynique que vraie :

« Si la Compagnie du Nord était chargée de l'exécution de ces chemins, il serait nécessaire de sauvegarder, par des stipulations nouvelles, le trafic des lignes à concéder *contre des déviations de transports* qui pourraient se faire au profit des autres lignes de ses premiers réseaux. Il y aura de ce côté une difficulté sérieuse à résoudre, et on se demande si les procédés de comptabilité en matière de chemins de fer sont assez perfectionnés pour qu'il soit possible de défendre le réseau à concéder contre une concurrence qui pourrait être ruineuse. »

Enfin, dans son dernier alinéa, le rapport dit expressément :

« Ce réseau, *destiné à faire cesser le monopole de la Compagnie du Nord*, offre de plus l'avantage de desservir beaucoup de populations, privées jusqu'à ce jour de toute espèce de chemin de fer. »

En résumé :

Réduction des deux tiers sur les frais de construction des deux premiers réseaux;

Introduction du *principe concurrentiel* dans l'exploitation des chemins de fer;

Préoccupation de défendre le trafic du petit réseau contre les *détournements* du gros privilége :

C'était plus qu'il n'en fallait pour faire crier les monopoleurs au viol, et pour attirer sur la concession nouvelle l'attention particulière dont, ainsi que nous l'avons dit au début, elle a été l'objet.

Troisième phase.

CONSTITUTION DE LA SOCIÉTÉ ANONYME.

Le décret de concession reproduisait la formule commune à tous les actes de cette sorte :

« Conformément à l'article 10 de la loi du 15 juillet 1845, les concessionnaires ne pourront émettre de titres avant de s'être constitués en société anonyme. »

La formation en anonymat devenait ainsi la chose la plus pressée.

L'entreprise de construire à un prix ne dépassant pas 150,000 fr. par kilomètre avait été consentie par la « Société anonyme des chemins de fer des Bassins houillers du Hainaut », au capital de 30 millions.

L'exploitation à 7,500 fr. par kilomètre avait été souscrite par la « Société générale d'Exploitation des chemins de fer, » exploitant déjà en Belgique 850 kilomètres et constituée au capital de 35 millions.

Si les directeurs de ces deux compagnies, au lieu de rester à l'état de simples entrepreneurs, passaient à celui d'associés commanditaires de la concession même, l'élément étranger devenait prépondérant dans l'affaire. Cet élément était spécialement représenté par MM. Philippart et Gendebien, les entrepreneurs de la combinaison.

Pourparlers préliminaires.

Le 6 juin 1869, les concessionnaires français eurent une entrevue importante avec les Belges. Ceux-ci offraient de faire les deux tiers du capital ; ils s'engageaient à prendre au besoin le stock d'actions du troisième tiers qui ne serait pas souscrit en France; enfin, si la souscription française éprouvait des difficultés, ils se faisaient fort de fournir tout.

Les concessionnaires eurent le tort de trouver ces offres splendides.

Il n'est pas difficile de comprendre que les chemins d'intérêt local,— et peut-être les grands réseaux, — gagneraient du tout au tout à être construits en mode coopératif ou mutuelliste et exploités à prix de revient. Ce n'est pas dans un revenu net et un dividende qu'il faut chercher les produits de cette création, mais bien dans la facilité, la rapidité et surtout le bas prix des transports : 5 % garanti sur les revenus publics, c'est un taux suffisamment rémunérateur. Pour arriver à un plus gros chiffre, il faut faire du trafic cher et recourir aux gros tarifs. Qu'avait-on besoin, dans les richissimes départements du Nord, du Pas-de-Calais et de l'Aisne, d'aller chercher des étrangers pour constituer un capital de dix millions et demi? A quel prix les notables de la contrée entendent-ils donc affermer leurs capitaux, qu'un 5 % garanti, sans préjudice de 20 à 30 % d'économie dans le coût des transports, n'aient pu réussir à les déterminer?

Les Belges, en venant dans l'entreprise, n'étaient intéressés ni comme industriels ni comme négociants, c'est-à-dire ni comme voyageurs ou transporteurs, intérêts culminants des concessionnaires indigènes; ils n'avaient aucune compensation à attendre de ce côté. Leur seul bénéfice possible était le revenu de leurs capitaux; et ils devaient naturellement tendre à le faire aussi considérable qu'il se pourrait. Ainsi la combinaison industrielle et économique dont M. Plichon avait si bien tracé le programme utilitaire dans son rapport au Conseil général ne pouvait garder son caractère qu'à la condition de rester aux mains des gens de la contrée; dès que les étrangers y prenaient la prépondérance, l'affaire devait tourner aux tripotages d'où naissent la baisse et la hausse. Les mécomptes ne se firent pas attendre.

Les certificats de messieurs les Belges.

Rappelons, avant d'arriver aux tiraillements, un élément important de l'entente cordiale originelle.

Messieurs les Belges, afin que leur zèle ne fût pas suspecté, s'étaient fait précéder d'un certificat de bonne conduite reproduit au mémoire de M. Plichon : c'est une lettre de M. Jamar, ministre des travaux publics de Bruxelles, à M. de Forcade la Roquette, exerçant les mêmes fonctions à Paris. Voici cette curieuse pièce :

Monsieur le ministre,

Je m'empresse de répondre à votre lettre du 16 courant, direction B, n° 190.

Aux termes de ses statuts, la Compagnie des chemins de fer des Bassins houillers du Hainaut a pour objet d'établir, d'exploiter ou de faire exploiter tout chemin de fer dont elle est ou pourrait devenir propriétaire ou concessionnaire, soit en Belgique, soit à l'étranger.

De même la Société générale d'Exploitation des chemins de

fer a pour objet l'exploitation et la construction des chemins de fer et autres voies de communication par terre et par eau, en Belgique et à l'étranger.

Constituées toutes les deux avec le concours de la Banque de Belgique, elles ont été dirigées l'une et l'autre par des hommes considérables, parmi lesquels je citerai M. Fortamps, sénateur et directeur de la Banque de Belgique, et M. Sabatier, membre de la Chambre des représentants et administrateur de la Banque de Belgique.

Les chemins de fer construits par la Société des Bassins houillers sont exploités par la Société générale.

Le gouvernement a lieu d'être satisfait de la manière dont la première exécute les travaux de ses chemins de fer et dont la seconde exploite son réseau, déjà vaste aujourd'hui.

Le gouvernement français trouverait sans doute dans la collaboration de ces Compagnies d'utiles auxiliaires pour la construction et l'exploitation de ses chemins de fer.

Le ministre des travaux publics,

JAMAR.

Avec de telles références et les propositions que nous avons dites, l'accord fut facile. Toutefois, les concessionnaires demandèrent à user d'une faculté laissée aux fondateurs par la loi sur les sociétés de 1867, à savoir qu'ils resteraient membres du conseil d'administration de la société anonyme pendant trois ans après l'achèvement des travaux. C'était afin de maintenir l'entreprise dans son esprit de concurrence au Nord.

M. Philippart déclara qu'il acceptait la proposition en principe, et que parole était donnée de ce chef. « En faire une clause statutaire, ajoutait-il, c'était afficher une défiance que rien ne motivait. D'ailleurs, en consentant à relever de l'assemblée quant à leur nomination, au lieu de s'imposer par les statuts, les concessionnaires auraient droit à *six ans* d'exercice au lieu de *trois.* »

L'objection fut prise en considération, et les fondateurs renoncèrent à s'imposer statutairement.

Il était dit en outre que le conseil d'administration comporterait deux tiers de membres *français;* c'était une exigence, ou tout au moins un vœu du ministre des travaux publics, qui tenait à avoir des répondants nationaux, avec siége social à Paris.

Premiers mécomptes.

Le 2 juillet, nouvelle réunion des comités français et belges. Il s'agissait d'arrêter définitivement les statuts. Les concessionnaires étaient assistés de Me de Madre, notaire à Paris, chargé de dresser l'acte. Les Belges, qui conféraient entre eux dans une salle à part, mandèrent le tabellion, qui revint, peu de temps après, assez décontenancé.

— Tout est changé, dit-il; ces messieurs n'admettent au conseil d'administration que la moitié des concessionnaires; les autres membres français sont choisis en dehors.

Grande rumeur à cette nouvelle. C'était manquer à la parole donnée, les fondateurs n'ayant renoncé à s'imposer statutairement, comme ils l'avaient demandé, que contre la promesse formelle qu'on les accepterait. On parla de se retirer en masse.

Cependant la retraite des concessionnaires entraînait l'anéantissement de tout ce qui avait été fait jusque-là. Plus de chemins! Le pays ne manquerait pas de se répandre en récriminations ; sur qui tomberaient-elles? Puis les concessionnaires, qui n'avaient pas seulement fait le tiers du capital, étaient-ils bien fondés à se montrer exigeants? Après réflexion, il fut décidé que l'on tirerait au sort ceux des fondateurs qui resteraient dans l'administration. Ce fut fait séance tenante. Grâce à cette transaction, le conseil, porté à vingt-quatre membres, se trouva composé comme suit :

A. — Membres concessionnaires (7).

1° Comte Anatole de Melun;
2° Florimond de Coussemaker;
3° Comte d'Hespel;
4° Baron de Lagrange;
5° Ernest Masurel;
6° Gustave Wattine;
7° Wallerand;

B. — Membres français étrangers a la concession (9).

8° Crapez (Martial-Anatole), maire de Bavay;
9° Cucheval-Clarigny, journaliste;
10° Marc de la Guéronnière, ancien sous-préfet;
11° Delaherche (Alexandre), membre de la Chambre consultative de Beauvais;
12° Vicomte Hennequin de Villermont, à Château-Thierry ;
13° Gontrand Gonnet, ancien notaire à Péronne ;
14° Prévost (Charles-Théodore-Edouard), maire d'Albert ;
15° Mazeline, constructeur-mécanicien au Havre ;
16° Vulfran Mollet, président de la chambre de commerce d'Amiens ;

C. — MEMBRES BELGES (8).

17° Philippart (Simon), président de la *Société des chemins de fer des Bassins houillers du Hainaut ;*

18° Gendebien, administrateur de la Banque de Belgique ;

19° Eyckholt (Alfred), gérant du *Comptoir général de Bruxelles ;*

20° Dumon (Auguste), ancien ministre, président de la *Société générale d'Exploitation des chemins de fer ;*

21° Comte de Meeus, à Bruxelles ;

22° Morel de Tangry (Julien), à Bruxelles ;

23° Tercelin Monjot, banquier à Mons ;

24° Zaman, sénateur belge.

Furent nommés commissaires chargés du rapport à l'assemblée constitutive :

1° Ferdinand Vandevin, administrateur de la Banque de Belgique ;

2° Charles Fleury, notaire à Beauvais ;

3° Charles Sydenham, conseiller municipal à Doullens.

Le 22 juillet, c'est-à-dire vingt jours après la précédente réunion, sur le rapport des commissaires précités, une nouvelle assemblée accepta et ratifia les apports gratuitement faits, par les fondateurs, des concessions qu'ils avaient obtenues, et la Société se trouva définitivement constituée sous le titre de : *Compagnie du Nord-Est.*

Divergence de vues.

Pourquoi les Belges, au mépris d'une promesse formelle, avaient-ils exclu du conseil la moitié des concessionnaires? Si l'on veut bien se reporter à la série B des neuf administrateurs français pris en dehors des titulaires de la concession, on verra qu'elle se compose de personnes appartenant aux départements de la Somme et de l'Oise, ainsi qu'à certaines villes : directions vers lesquelles MM. Philippart et Gendebien préméditaient d'allonger les rails du Nord-Est, et où ils se ménageaient par avance des auxiliaires influents pour les demandes de concessions à venir. Jusque-là, il y a peu à reprendre, car l'allongement du réseau était essentiel à la constitution d'une voie concurrente.

A raison de cette prévision, M. Philippart proposa la nomination d'un ingénieur-directeur. Les fondateurs supputèrent qu'une pareille fonction comporte 30,000 fr. d'appointements, sans préjudice du loyer du secrétariat, des frais de bureau, des missions et commissions. Tant de dépenses pour 302 kilomètres, c'était hors de la vraie proportion. Mais les Belges avaient des visées larges, puisque, comme l'annonçait une de leurs réclames, ce n'est pas moins que onze à douze cents kilomètres qu'ils sollicitaient en France. Nous les trouvons jusque dans l'Eure. M. Prosper Tourneux fut donc nommé ingénieur-directeur.

Disons encore que les Français de la première heure furent un peu froissés, à la réunion du 2 juillet, du dédain affecté par certains Belges pour des souscripteurs indigènes qui se croyaient magnanimes en se chargeant de 50 à 60 actions, tandis qu'eux, étrangers, apportaient des stocks de 100, 200, 300 et 600 actions par tête. N'y avait-il pas derrière cette jactance des souscriptions fictives, cette plaie si commune du monde financier? Au fond, le zèle des Belges contrastait singulièrement avec la réserve des notables des trois départements intéressés.

Quoi qu'il en soit, la prépondérance des étrangers sur les *usagers* du chemin de fer devait forcément dévier la pensée originelle de la demande de concession ; des spéculateurs, hors d'état de profiter jamais du bon marché des transports, n'avaient plus qu'une idée à suivre : tirer le plus gros profit possible de leurs capitaux et de leur savoir-faire. Ainsi les combinaisons de l'agiotage étaient appelées à prendre le pas sur la conception industrielle. La constitution même du Nord-Est se prêtait à merveille aux aventures ; il s'y trouvait force cumuls, beaucoup trop fréquents dans nos anonymats.

Cumuls incompatibles.

Ainsi le Nord-Est, qui a des chemins à construire, compte parmi ses administrateurs M. Philippart, président de la Société des Bassins houillers du Hainaut, qui entreprend la construction ; c'est-à-dire que le traité se signe entre M. Philippart, qui *commande* pour le Nord-Est, et M. Philippart, qui *soumissionne* pour le Hainaut.

Item, le Nord-Est, administré par M. Dumon, passe un traité avec la Société générale, présidée par M. Dumon ; c'est-à-dire que M. Dumon, administrateur de compagnies belges, *vend* de la traction à M. Dumon, administrateur de compagnie française, qui en *achète*.

Item encore, M. Eyckholt, gérant du Comptoir général de Bruxelles, est dans la condition de donner, en sa dite qualité de gérant, quittance à MM. Eyckholt et consorts, administrateurs et actionnaires du Nord-Est, puisque les versements belges se font au Comptoir général.

En quelques mois surgissent deux nouvelles sociétés : l'une des chemins de fer vicinaux du Brabant, l'autre de Frameries à Chimay : mêmes noms, Philippart, Gendebien, Vandevin, Tercelin, etc.

Ces cumuls appartiennent à la plus mauvaise époque de notre histoire financière. Ils servent à dissimuler les pots-de-vin, les razzias des administrateurs sur leurs actionnaires. Quand les entreprises périclitent, elles apparaissent comme ces fabriques de signatures de complaisance, où l'on remplace la qualité par la quantité. Ces endos de sociétés, diverses quant à l'appellation, identiques quant au personnel, sont de véritables piéges tendus à l'ignorance. C'est dans les combinaisons de ce genre que sont venus s'effondrer les crédits mobiliers de tous pays, les chemins romains, portugais, espagnols, et cent autres inventions analogues qui ont englouti six milliards à l'épargne nationale. Que penser de ces souscriptions, invraisemblables à force d'exagération, quand les versements, à raison de la confusion des cumuls, peuvent se résoudre en un simple artifice de comptabilité de sortie et d'entrée, de crédit et de débit?

Certificats discordants avec celui de M. Jamar.

MM. Philippart, Gendebien et leurs sociétés ont été violemment attaqués dans la presse financière. Nous connaissons le tarif des invectives et aussi celui des éloges. Il n'y a pas à prendre là le moindre élément d'appréciation. Nous n'accorderons même aucune valeur à certaine lettre du préfet de l'Oise, qu'on lira plus loin; le fanatisme de M. Chevreau pour la Compagnie du Nord en fait un témoin suspect. Mais, en dehors de ces documents apocryphes, il y a des faits. D'abord, M. Philippart s'est accolé à M. Erlanger, qui ne peut lui augmenter ni sa considération ni son crédit. En second lieu, il n'a pu se faire accepter comme soumissionnaire sérieux dans l'adjudication du chemin de fer d'Orléans à Châlons. Enfin, voici deux mécomptes récents qui valent une avanie.

MM. Philippart, de Villermont, Erlanger et autres, détenteurs d'une ligne qui va d'Orléans à Dreux, et qu'ils ne craignent pas de qualifier « *d'Orléans à Rouen* », ont fait des propositions de rachat à la Compagnie de Dreux à Elbeuf; ils offraient de reprendre les actions à 150 fr. de prime. Les concessionnaires de Châlons à Orléans poursuivaient le même but; mais ils n'offraient que 50 fr. L'assemblée générale des actionnaires de Dreux à Elbeuf, au nombre de 300 membres, — presque tous les titulaires assistaient à la réunion, — a décidé, à l'unanimité, que les 50 fr. de la Compagnie d'Orléans à Châlons étaient préférables aux 150 fr. de MM. Philippart, Villermont et Erlanger.

Deuxième avanie à un mois de distance. Le département de l'Eure a concédé, au commencement de juin, deux sections de 62 kilomètres, complétant la ligne d'Evreux à Honfleur par le Neubourg et Pont-Audemer. Cette ligne était sollicitée par la Compagnie d'Orléans à Dreux, *qui ne demandait pas de subvention*. Le Conseil général n'a pas trouvé en elle des garanties suffisantes; il lui a préféré la Compagnie d'Orléans à Châlons, représentée par M. Tenré, et lui a consenti une subvention d'environ 24,000 fr. par kilomètre.

Ces faits en disent plus que tous les libelles. Aussi ne devrons-nons plus nous étonner de rien dans la suite de cet exposé.

Quatrième phase.

L'ÉMISSION DES TITRES.

Innovations de mauvais aloi.

D'après les prospectus, le capital social, porté à dix millions et demi, se compose :

1° De 21,000 *actions de capital* produisant 20 francs d'intérêt et remboursables à 500 fr.;

2° D'un même nombre d'actions de jouissance ou de dividende ne versant pas un sou, et seules bénéficiaires des revenus excédant le 5 °/° garanti, s'il y a des revenus dans ces conditions-là ;

16,000 actions de capital sont émises à 390 fr.; d'où il faut conclure que les membres du Conseil en gardent 5,000.

Quant aux 21,000 actions de jouissance, les administrateurs les souscrivent intégralement, d'autant qu'il ne leur en coûte rien (1).

Nous avions eu jusqu'ici les anticipations, les capitalisations, les réalisations, les majorations, récompenses très-palpables d'apports souvent fantastiques. On n'avait pas encore songé à ressusciter cette plantureuse idée des actions de jouissance distinctes des actions de capital.

C'est aux canaux, sous la Restauration, que cette combinaison fut appliquée pour la première fois. Quand

(1) Voir à l'annexe la lettre de M. le comte de Melun et la réponse de l'auteur.

l'Etat fut obligé de racheter la canalisation afin de la soustraire aux tarifs prohibitifs des manieurs d'argent, il lui fut demandé une quarantaine de millions de ces paperasses qui n'avaient pas versé un sou; il se trouva naturellement des ministres et des députés pour déclarer que ce n'était pas cher.

Cette exhumation d'un système qui a laissé de fort mauvais souvenirs nous transporte en plein agiotage. Jusqu'ici les idées de revenu et de dividende impliquaient essentiellement celle de *capital versé*. Outre le 5 °/₀ garanti, minimum assuré aux souscripteurs, il y avait chance de voir l'annuité s'augmenter d'un solde supplémentaire dans les années fructueuses; mais c'était toujours à titre de rémunération de *fonds engagés*. Cette fois, c'est de la sublimation, de la quintessence; c'est le dividende, sans capital ni travail, élevé à la hauteur du droit *domanial* d'avant 89.

« L'idéal du système, disait Proudhon, serait, en substituant peu à peu le prêt à la commandite, d'obtenir des dividendes très réels à de soi-disant actionnaires qui, sans verser un centime, n'auraient eu que la peine de donner leur signature. »

Voilà que l'idéal jugé inaccessible s'est réalisé.

L'action dite de capital, à revenu fixe, rivée à son 5 °/₀ garanti, n'est pas autre chose qu'une obligation débaptisée. Aussi est-elle émise à 110 fr. au-dessous du pair. La loi pourtant n'équivoque pas : elle veut que l'action de 500 fr. verse 500 fr., non 390; la garantie de 5 °/₀ porte sur le capital *effectif* de 500 fr., non sur un titre simplement *honoraire*, vierge de tout versement. C'est 110 fr. à rapporter par action de jouissance, en tout 2,300,000 fr. Le premier mécontent venu peut faire décider la chose par les tribunaux.

Capitalisation des actions de jouissance.

D'après le traité passé avec la Compagnie du Nord, et dont il sera parlé plus loin, le Nord-Est afferme l'exploitation de son réseau au prix de 9,100 fr. par kilomètre et par an. Le service à 5 °/₀ du coût kilométrique de 150,000 fr. n'absorbant que 7,500 fr., il y a un reliquat de 1,600 fr. net par kilomètre, soit, pour les 302 que comporte la concession, une annuité de 483,000 fr., laquelle, répartie entre les 21,000 actions de jouissance, seules bénéficiaires du boni, produit 23 fr. de revenu. Le titre qui n'a rien versé devient ainsi capitalisable aux alentours de 400 fr. C'est une somme de 8,400,000 fr. que les administrateurs s'empresseront de réaliser au plus vite; car, en ces sortes d'affaires, on n'attend jamais l'échéance des 99 ans.

Obligations.

Le capital social est une formalité exigée par la loi, et qu'on réduit autant que possible; par la distinction entre les actions de jouissance et les actions à revenu fixe, la formalité fait ici complètement défaut. C'est en tout cas aux obligations qu'on demande le plus gros lot. A côté des titres improprement appelés « actions de capital », produisant 20 fr. d'intérêt, il fut émis d'autres obligations à 15 fr. de revenu, en la forme ordinaire.

Laissons parler le prospectus :

Le capital social est représenté par 21,000 actions produisant 20 fr., soit 420,000 fr. par an et 1,400 fr. par kilomètre. La garantie kilométrique étant de 7,500 fr. sur un prix de 150,000 fr., il reste 6,100 fr. par kilomètre pour garantie du capital obligations ; ce qui, pour 302 kilomètres, porte l'annuité à 1,845,000 fr. On pourrait donc émettre jusqu'à 113,000 obligations.

Les obligations à 15 fr. d'intérêt, remboursables à 500 fr. en 99 ans, furent émises à 300 fr. au nombre de 88,000.

Le tout fut négocié par la société des Dépôts et comptes-courants.

D'après les réclames, il y eut 22,934 demandes d'actions de capital pour 16,000 offertes, et 91,268 obligations demandées pour 88,000 émises.

Les devis et l'encaisse.

Le coût de 150,000 fr. par kilomètre exige, pour les 302 k. de la concession, une somme de 45,300,000 fr.

Les 21,000 actions comptées à 390 fr. l'une donnent	8,190,000 fr.
Et les 88,000 obligations à 300 fr . . .	26,400,000
En tout. . .	34,590,000 fr.
Tous les titres, remboursables à 500 fr., recevront	54,500,000 fr.
Prime au remboursement.	19,910,000 fr.

Le chiffre encaissé, *sauf les frais d'émission*, de 34,590,000 fr., divisé par 302, ne laisse qu'une ressource de 114,536 fr. par kilomètre, au lieu de 150,000 fr. Sera-t-elle suffisante?

Le service de 20 fr. d'intérêt par action, donne pour les 21,000.	420,000 fr.
Celui des 88,000 obligations à 15 fr	1,320,000
Total. . .	1,740,000 fr.

Soit, pour chacun des 302 kilomètres, une annuité de 5,761 fr., ou 1,739 fr. de moins que l'annuité garantie par l'Etat et les départements.

Cet ensemble de chiffres a fait crier d'une part à la fantasmagorie, aux actions de complaisance, aux souscriptions fictives, aux devis falsifiés. Il a fait dire d'autre part que la compagnie chargée de la construction ne gagnerait pas moins de 23,000 fr. par kilomètre, soit en tout 6,946,000 fr., tout en portant le poids des rails de 35 à 37 kilog. Si cette seconde assertion était vraie, le bénéfice sur la construction étant de. . . . . 6,946,000 fr.
et la capitalisation des actions de jouissance donnant. 8,400,000
ce serait un total de . . . . 15,346,000 fr.

15 millions de bénéfice sur une entreprise de 45, voilà qui peut s'appeler un beau travail, et l'on

comprend que MM. Philippart et Gendebien aient complètement négligé ou renié les idées de réseau concurrentiel pour ne s'attacher qu'aux résultats *positifs* de la combinaison.

Cinquième phase.

PROJETS D'ALLONGEMENT DU RÉSEAU.

En substituant aux concessionnaires du Nord-Est, évincés pour moitié, des administrateurs pris dans les départements de la Somme et de l'Oise, les Belges, ainsi que nous l'avons indiqué, se ménageaient des appuis en vue de leurs demandes de concessions ultérieures. Le simple bon sens disait qu'il fallait viser :

Avant tout, Paris.

En second lieu, la mer.

Les compétiteurs et leurs propositions.

C'est dans le département de l'Oise que se sont concentrées les compétitions. Quatre compagnies étaient en instance : 1° le Nord ; 2° le Nord-Est ; 3° une compagnie des chemins de fer de l'Oise formée par les administrateurs du Nord-Est, avec administration et capital distincts; 4° une compagnie Ernest Baroche, Desbrousses, etc.

La compagnie du Nord, fidèle à ses principes, réclamait d'abord 35,000 fr. de subvention, puis 30,000 par kilomètre. Elle avait, quelques années avant, élevé pour certains tronçons, réputés les meilleurs, des prétentions à 225,000 fr. par kilomètre. Elle trouvait dans M. Chevreau, préfet de l'Oise, un partisan ardent jusqu'au fanatisme.

Le Nord-Est, ici comme dans les trois départements de sa concession primitive, venait sur les brisées de son puissant rival avec des conditions meilleures. M. Chevreau, dans son rapport au conseil général de l'Oise (réunion extraordinaire de 1870), mentionne en ces termes son intervention :

« La Compagnie du Nord-Est, écartée par votre vote du 28 août, s'adressa aux conseils municipaux et déclara qu'elle était prête à entreprendre la construction d'un réseau beaucoup plus étendu que celui dont le Nord avait obtenu la concession éventuelle, moyennant une subvention moindre du département, et sans le concours des localités traversées. »

La préoccupation apparente des soumissionnaires, c'était toujours la création d'un réseau concurrentiel, ainsi qu'il résulte de la citation suivante d'une lettre du directeur en date du 28 janvier 1870 :

« Si nous nous sommes contentés d'une subvention relativement minime, c'est que le chemin de fer d'Amiens à Pontoise pouvant, dans un avenir rapproché, *aboutir à Paris d'une part et à Calais de l'autre*, nous donnait la certitude de pouvoir, par le large trafic que doit recevoir cette ligne, pourvoir aux insuffisances des autres parties du réseau départemental. »

La formation d'une compagnie de l'Oise spéciale, où viennent les administrateurs du Nord-Est avec d'autres éléments, multiplie encore les chances d'allongement du réseau. M. Delahante, en effet, entre dans la combinaison, étant déjà concessionnaire d'une ligne du Tréport à Abancourt, se soudant aux lignes d'Abancourt à Beauvais et de Beauvais à Pontoise; en sorte que, de tronçon en tronçon, on finit par avoir une ligne de Pontoise à la mer. Il avait été fait encore la demande d'une ligne allant directement de Watten à Argenteuil, près Paris, et englobant une série de chemins locaux reconnus nécessaires.

Les ardeurs du préfet de l'Oise en faveur de la Compagnie du Nord.

Le Nord et son défenseur, M. Léon Chevreau, ne veulent précisément pas entendre parler d'une constitution de cette importance :

« S'il est exact, écrit M. Chevreau, de dire que le conseil général, au mois d'août dernier, statuait réellement sur une question d'intérêt *local*, en examinant un avant-projet de chemin de fer entre Amiens et Beauvais, il est puéril de soutenir qu'une ligne qui doit aboutir, dans un avenir rapproché, à Paris d'une part et à Calais de l'autre, est un chemin d'intérêt local soumis à la loi de 1865. »

Dans une lettre du 2 novembre 1869, M. le préfet de l'Oise, répondant aux propositions de la Compagnie du Nord-Est, s'exprime en termes pleins de désobligeance :

« Le conseil général a concédé à la Compagnie du Nord trois chemins d'une longueur totale de 104 kilomètres. La dépense ne peut pas être évaluée à moins de 15 millions. Le réseau actuel de la Compagnie du Nord et les recettes qu'elle perçoit nous donnent la certitude qu'elle n'éprouvera aucun embarras à trouver cette somme.

»Il n'en est pas de même en ce qui concerne le Nord-Est. Je crois qu'il serait difficile à cette société nouvelle de réaliser les capitaux nécessaires à la construction du réseau dont elle demande la concession dans l'Oise, et qu'en traitant avec elle, le département s'exposerait à de grands périls. »

Ceci n'est rien auprès de la lettre du 23 novembre. Nous citons :

« Monsieur le directeur,

»J'ai le regret de ne trouver, dans la lettre que vous m'avez fait l'honneur de m'écrire hier, aucune des justifications que j'ai dû vous demander sur la formation du capital spécial destiné aux chemins de fer de l'Oise, capital dont toutes les actions, d'après votre dépêche du 5, étaient dès à présent souscrites.

»Je ne serais digne ni de la confiance du gouvernement ni de celle des populations dont j'ai pris à cœur les intérêts, si je me laissais séduire par des promesses décevantes qui peuvent égarer un instant des esprits superficiels, mais qui ne supportent pas l'examen réfléchi d'hommes habitués au maniement des affaires.

»Le cautionnement d'*un million* est un mot bon à insérer en gros caractères dans un article de journal ; mais ce n'est pas une garantie sérieuse lorsqu'il s'agit d'une concession de 280 kilomètres, c'est-à-dire d'une dépense *minima* de 42 millions. La seule garantie sérieuse, c'est la production du *capital nécessaire* pour mener à bien l'entreprise.

»Je ne puis entrer en négociation avec votre Compagnie et provoquer la réunion extraordinaire du conseil général qu'en ayant la certitude que cette somme de 42 millions *est réalisée*. C'est aujourd'hui pour la quatrième fois que je réclame cette justification. Il y a un terme à tout ; il m'est impossible d'attendre plus longtemps une réponse catégorique. Si je ne reçois pas cette réponse dans un délai de quatre jours, je serai amené à penser, comme je vous l'ai déjà dit dans une lettre précédente, que la Compagnie du Nord-Est n'a pas les capitaux dont elle n'a pas craint de m'annoncer la souscription totale.

» Léon CHEVREAU. »

Il va sans dire qu'on ne demandait point à la Compagnie du Nord de produire 42 *millions réalisés*. — L'ardent préfet profite de ses tournées de révision pour activer sa propagande.

« M. P..., dit une lettre particulière, a insisté près des maires, à la réunion de Marseille-le-Petit, pour que, dans la session de mai, ils fissent voter aux conseils municipaux des fonds, afin de venir en aide à cette pauvre Compagnie du Nord, qui, non contente de nous faire poser depuis dix ans, nous tend aujourd'hui la main.

» L un des maires a fait observer que les communes n'ont pas de fonds disponibles; qu'il semblait préférable d'appuyer la Compagnie du Nord-Est, qui se chargeait de tous nos chemins moyennant une simple garantie d'intérêt. C'est alors que M. P... et le préfet ont, l'un et l'autre, affirmé que le Nord seul pouvait faire les chemins; que la garantie d'intérêt sollicitée par le Nord-Est serait plus onéreuse que le capital demandé par le Nord, et que le département ne s'engagerait pas dans cette voie. »

Le 4 octobre 1869, M. Chevreau engage de nouveau les maires à faire voter des subventions en faveur de la Compagnie du Nord pour parfaire le cinquième qui doit constituer la part contributive des communes dans la subvention. De son côté, la Compagnie du Nord-Est envoie aux conseils municipaux une circulaire pour les dissuader de voter des fonds, s'engageant, si elle est concessionnaire, à décharger les communes de leur part contributive.

Comédie et mystification.

Le pays avait hâte de conclure. A cet effet le Conseil général se réunit en session extraordinaire le 28 février 1870.

Avis est donné aux soumissionnaires que leurs propositions seront reçues à la préfecture jusqu'au 2 mars à minuit, dernier délai. Le lendemain 3, on ouvre les soumissions.

Celle de la Compagnie du Nord demande :

1° Sans subvention, la ligne de Méru à Amiens par Beauvais, et celle de Roye à Pont-Ste-Maxence ;

2° Avec une subvention de 10,000 fr. par kilomètre, toutes les autres lignes.

La Société de l'Oise, annexe du Nord-Est, après avoir réussi à faire prendre sa solvabilité au sérieux par M. Chevreau, demande sans subvention, et avec la simple garantie d'intérêt, la totalité du réseau sollicité par le Nord ; elle consent une réduction progressive des tarifs à mesure que se développera le trafic ; elle offre en outre d'exécuter sans subvention un prolongement de Pont-Sainte-Maxence à Luzarches par Senlis : — toujours la légitime préoccupation d'arriver à Paris.

La commission du conseil chargée des chemins de fer se trouve dans un grand embarras. Comment faire pour ne pas désobliger M. Chevreau ni contrarier ses préférences? Tout-à-coup, un éclair de génie lui passe. Elle feint de délibérer; elle s'abstient de prendre des conclusions de façon à faire croire qu'il y a partage des voix; elle compte par là impressionner la Compagnie du Nord et l'amener à renoncer à toute subvention, condition essentielle pour justifier qu'elle l'emporte sur sa rivale. Afin que le succès de cette haute diplomatie ne soit pas douteux, l'indiscrétion est recommandée à tout le monde.

Le triomphe couronne enfin tant d'habileté. Le lendemain 4 mars, à deux heures, le Nord écrit qu'il retire ses propositions devant les exigences croissantes du conseil général. La Compagnie de l'Oise (Nord-Est) se retire également sans donner d'explications. Plus de soumissionnaires : les compétiteurs, au lieu de se disputer le réseau, s'étaient simplement coalisés.

La commission lève la séance et s'empresse de porter la nouvelle de son succès au conseil, qui, avant de se séparer, vote à M. le préfet de chaleureux remerciements pour l'activité, l'intelligence et le désintéressement dont il a fait preuve en cette aventure. M. Chevreau accepte les félicitations avec la satisfaction d'un homme qui a su mener à bien un grand intérêt public. La session est close.

Sixième phase.

LA COALITION.

Le traité d'exploitation.

Nous apprenons par les comptes-rendus du Nord-Est (22 avril) et du Nord (29 avril 1870), que la Compagnie du Nord prend à bail l'exploitation des 302 kilomètres du Nord-Est, moyennant une redevance de 9,100 francs par kilomètre et par an. La société exploitante prendra à sa charge le service des intérêts et l'amortissement des emprunts à partir de l'ouverture de l'exploitation.

Le *Journal des Chemins de fer* du 26 mars annonçait, par avance, la transaction en ces termes :

« Les rapports nécessaires que, dans cette circonstance (la compétition pour les chemins de fer de l'Oise), les Compagnies du Nord et du Nord-Est ont dû avoir, ne sont pas restés stériles. Un rapprochement s'est opéré entre elles, et il en est résulté un traité aux termes duquel la Compagnie du Nord se chargerait de l'exploitation du réseau de la Compagnie du Nord-Est en payant à celle-ci une redevance de .... par kilomètre exploité. »

Il semblerait, d'après ce récit, que les contractants se voyaient pour la première fois en 1869-70 ; ce n'est pas absolument exact. En effet, le 16 octobre 1866, la Compagnie du Nord, représentée par MM. de Rothschild, Delebecque et Léon Say, donnait à bail à la Compagnie des chemins de fer des Bassins houillers du Hainaut, représentée par MM. Fortamps et Philippart, l'exploitation du chemin de fer de Saint-Ghislain.

La Compagnie du Nord prend encore aujourd'hui à bail l'exploitation du chemin de fer belge de Chimay, où se retrouvent MM. Gendebien et Philippart.

Quant à la Compagnie générale belge, qui avait dès l'origine son traité d'exploitation, elle a accepté sans mot dire que la Compagnie française du Nord lui fût substituée. Cette facilité s'explique le plus naturellement du monde, puisque le désistement était demandé par MM. Philippart, Gendebien et autres, administrateurs du Nord-Est, à MM. Gendebien, Philippart et consorts, administrateurs de la Société générale.

Le Nord n'a plus rien à craindre de la concurrence du Nord-Est, qui s'annonçait si redoutable et que soutenaient les vœux des populations, les votes du Corps législatif et du Sénat. Il lui en a coûté gros pour se défaire de son rival. surtout si l'on se reporte aux projets originels. Primitivement, en effet, les prétentions de la Compagnie du Nord s'élevaient à 28 millions et demi pour ces 302 kilomètres, auxquels, par son traité d'affermage, elle constitue une plus-value de 8 millions et demi : différence 37 millions. De plus, les subventions demandées dans l'Oise sont descendues de 35,000 à 10,000 fr. par kilomètre. Il ne faut pas s'étonner que les avocats du Nord, sans compter M. Léon Chevreau, aient déversé un torrent d'injures sur les nouveaux-venus. C'était des intrus, des braconniers.

« On a vu, il y a six mois, disait le *Journal des Chemins de fer* du 26 mars, dans les départements du Pas-de-Calais, du Nord et de l'Aisne, se former la Compagnie du Nord-Est, dont les concessions rayonnent au milieu de celles du Nord. Ce mois-ci, c'était dans l'Oise que la Compagnie du Nord était *menacée* d'une nouvelle rivalité, et pour y échapper, elle a d'abord cru devoir soumissionner elle-même les chemins de l'Oise, qu'il s'agissait de mettre en adjudication.

Ainsi la Compagnie du Nord est sur son domaine, et ceux qui parlent d'y venir, même en offrant 28 millions d'économie au trésor public, violent sa propriété.

Cependant MM. Philippart et Gendebien ont fait un coup de maître ; le traité à 9,100 fr. de redevance par kilomètre assure à leurs actions de jouissance, comme nous l'avons établi précédemment, une valeur de 8 millions et demi, réalisable aussitôt l'exploitation en train. Quand ils n'auraient pas, en plus, les 6 millions 900,000 fr. de bénéfice que certains appréciateurs leur attribuent, trop généreusement peut-être, sur la construction, ils ne seraient pas moins reconnus pour des « financiers » d'une force au-dessus de la moyenne. Aussi l'apaisement se fait-il sur leurs noms, si maltraités depuis six mois. On assure même que dans les conseils de la rue Laffite, on regrette de n'avoir pas connu et utilisé plus tôt de pareils génies.

Le prix de 9,100 fr. de redevance par kilomètre a paru excessif aux gens du métier; il serait exagéré sans contredit s'il ne s'agissait que de l'exploitation; mais il ne faut pas perdre de vue qu'il est en même temps la rémunération d'une retraite qui laisse le Nord sans compétiteur pour les chemins de l'Oise. Ainsi s'explique la comédie du 4 mars au conseil général. Dans son rapport du 29 avril 1870, la Compagnie du Nord nous apprend qu'elle vient d'obtenir, sauf ratification par le Corps législatif, les concessions ci-après dans les départements de la Somme et de l'Oise :

De Pont-Sainte-Maxence à Roye;
D'Abancourt au chemin de Beauvais à Amiens;
De Beauvais à Gisors;
De Beauvais à Saint-Just et à Clermont;
De Saint-Just à Montdidier;
De Breteuil à Montdidier;
De Clermont à Compiègne;
De Compiègne à la limite de l'Aisne, vers Soissons.

A part la première ligne, qui sera complétement aux frais de la Compagnie, il est consenti une subvention uniforme de 10,000 fr. par kilomètre.

Les terrains seront achetés et les travaux exécutés pour une seule voie.

Les *tarifs seront les mêmes que ceux du chemin de fer du Nord.*

La Compagnie demande encore, dans les conditions des lignes d'intérêt *général*, deux tracés :

De Beaumont à Bauvais;
De Beauvais à Amiens.

Consolidation du monopole de la Compagnie du Nord.

De cette façon, la Compagnie du Nord entoure son monopole d'une ligne de défense inexpugnable vers Paris, dans les départements de Seine-et-Oise, de l'Oise et de la Somme. Le Nord-Est lui avait enlevé les meilleurs tracés dans le Pas-de-Calais, le Nord et l'Aisne, lignes se reliant par cinq points aux chemins belges, et, par suite, à l'Allemagne. L'affermage lui ramène, pour 99 ans, l'exploitation et le *maintien de ses tarifs* sur ce réseau. En un mot, il ne reste pas un tronçon productif de quelque importance à concéder sur le *domaine* de la Compagnie du Nord, et la concurrence est à jamais impossible dans cette direction.

Un tel résultat vaut bien 8 millions et demi, sans préjudice d'une réconciliation avec MM. Philippart et Gendebien.

Conclusion.

Comment M. Plichon et ses coopérateurs prendront-ils la mystification? car il est impossible d'imaginer une duperie plus complète. Les promoteurs de la concession, dite plus tard du Nord-Est, opéraient principalement en vue de créer, au moins vers la frontière, dans les départements du Nord, de l'Aisne et du Pas-de-Calais, une *concurrence* à l'écrasant monopole du chemin du Nord; et voilà que, en moins d'un an, d'évolutions en aventures, le privilége ressort corroboré au delà de ses espérances.

Les contrées limitées, d'un côté par la Manche et la mer du Nord, depuis Saint-Valéry-sur-Somme jusqu'à Dunkerque, de l'autre côté par la frontière belge, au Nord-Ouest par la ligne de Boulogne, au Nord-Est par celle de Paris à Erquelines, constituent le domaine inexpugnable de la Compagnie. Tous les raccordements avec le réseau belge sont dans sa main. Pontoise, Beauvais, Clermont, Noyon, Compiègne, Soissons, Laon, Saint-Quentin, Cambrai, Arras, Douai, Valenciennes, Lille, Saint-Omer, les ports de Dunkerque, Calais, Boulogne, les forges, les houillères sont ses fiefs. Les produits de la culture et des forêts, le lin, le coton, la laine, les tissus, les dentelles, les houblons, la bière, les sucres, la betterave, les huiles, les produits de la mer, les fers, les matériaux de construction, les combustibles minéraux ne peuvent circuler sur un dixième du territoire français sans lui payer tribut.

Une seule petite concurrence subsiste encore : la batellerie des canaux du Nord et de l'Oise, déjà écrasée par les tarifs différentiels et de détournement, et à laquelle les tronçons affermés ou soumissionnés par la Compagnie du Nord se garderont de porter un colis.

Que vont faire encore une fois les promoteurs de la concession du Nord-Est? Impossible qu'ils ne se fâchent pas. — Et après?...

Le traité d'exploitation avec le Nord rend inutile la garantie de cinq pour cent : rien à revendiquer de ce chef. Les irrégularités telles que la violation de l'article 27 du cahier des charges, très-discutable, le dédoublement des titres en actions de jouissance et de capital, la libération à 390 fr. d'actions de 500 fr. sont autant de faits regrettables ou répréhensibles. Mais la répression ne regarde point les conseils généraux. Pourquoi, d'ailleurs, les notables des trois départements n'ont-ils pas fait le capital et conservé l'affaire? Ils devaient savoir que les bâcleurs d'anonymats ne prennent pas une entreprise pour la garder 99 ans.

Il n'y aurait qu'une opposition possible à ce renforcement du privilége; ce serait que le Corps législatif ne laissât pas les chemins de l'Oise à la Compagnie du Nord, et que le ministre refusât son approbation au traité d'exploitation entre le Nord et le Nord-Est (1).

Le gouvernement impérial a beaucoup varié sur la question du monopole. En 1854, il forçait les quatre groupes unifiés des mines de la Loire à se scinder en quatre compagnies distinctes; et, en même temps, il agglomérait, en six sociétés, les quarante-deux compagnies de chemins de fer en possession d'état. Depuis, il s'est fait une doctrine. Les plumitifs de l'administration ont reconnu qu'avec le privilége, il était plus facile au pouvoir personnel d'avoir la main partout, et les besogneux du règne ont trouvé, dans les concessions, le moyen d'édifier des fortunes que le travail est impuissant à constituer. Contre ce communisme, bien autrement dangereux que celui dont s'occupent parfois les procureurs, quels sont les éléments de résistance?

A peu près nuls. Les Compagnies, en effet, ne se sont pas contentées d'enlever leurs positions auprès des ministres; elles ont entrepris la conquête de l'opinion en s'attachant par des chaînes d'or à peu près tous les organes de la publicité. Dans leurs derniers rapports, l'Orléans et le Lyon décochent leur flèche aux chemins départementaux et aux utopistes dange-

(1) Voir à l'annexe la lettre de Tourcoing, signée UN INDUSTRIEL.

reux qui rèvent de leur faire faire un service d'intérêt général. Le Nord entreprend de démontrer que le bon marché des transports gît tout entier dans le groupement de l'outillage, dans la concentration des capitaux et des services.

La thèse est répétée dans les cent journaux inféodés, dans les conseils du gouvernement, au Corps législatif et au Sénat, jusque devant les tribunaux, par les avocats friands des *causes grasses* dont les Compagnies sont dispensatrices.

A propos du traité entre le Nord et le Nord-Est, le *Journal des Chemins de fer* du 26 mars écrit :

« Nous ne voudrions pas répondre que la convention s'accomplît sans résistance de la part de l'administration. *Avec les* FAUSSES *idées de concurrence* qui semblent dominer aujourd'hui, il est à craindre qu'elle ne rencontre, ici ou là, bien des oppositions. »

Il y a depuis vingt ans mille forces actives constituées pour combattre les FAUSSES *idées de concurrence*, et pas une pour les défendre. Le Nord et M. de Franqueville sont d'accord et tiennent ferme pour le privilége; le ministre des travaux publics votera comme M. de Franqueville, le conseil des ministres ne désavouera pas son collègue, et la majorité du Corps législatif sanctionnera ce que proposera le cabinet.

A moins que d'ici là les mystifiés de tous les points de la France ne forment une coalition assez puissante pour produire un déchaînement de l'opinion publique.

Les mystifiés ici ne sont pas les premiers venus. Ce

sont les Conseils municipaux, les Chambres de commerce, les Chambres consultatives des arts et manufactures, qui ont pris l'initiative d'un réseau concurrentiel ; c'est en vue d'établir une concurrence que les trois départements du Nord, de l'Aisne, du Pas-de-Calais d'abord, l'Etat ensuite ont voté la garantie d'intérêt.

La convention qui annule le programme, laissant 8 millions et demi de bénéfices aux transfuges, est signée :

Pour le Nord, par MM. A. de Rothschild, Delebecque, Amé de Saint-Didier, Léon Say ;

Pour le Nord-Est, par MM. Vulfran-Mollet, comte de Melun, Delaherche, de Villermont, Philippart et Gendebien.

Voilà donc dix administrateurs plus puissants que les Conseils municipaux, les Chambres de commerce, les Chambres consultatives dont ils annulent les *vœux*, plus puissants que trois Conseils généraux, que le Conseil d'Etat, le Sénat et le Corps législatif dont ils confisquent les *votes*.

Le pays consent une garantie de 5 0/0 sur un capital de 45 millions et demi, afin de créer, au moins sur un point, une concurrence en matière de transports : les concessionnaires *concurrents* prennent la garantie, puis la vendent au monopole. Les millions que la contrée pensait s'épargner annuellement par une réduction des tarifs deviennent le prix et le salaire de la coalition, qui maintiendra ses taxes à l'ancien taux.

Ceci n'est pas loin de ressembler à une dérision des pouvoirs publics; et si la constitution permet de tels scandales, il faut bien convenir que le plébiscite n'a pas tout résolu.

La dérision toutefois est implicite; elle résulte d'un ensemble de faits qui n'accusent peut-être pas une préméditation arrêtée. Ce qui va suivre est beaucoup plus grave. MM. les administrateurs du Nord-Est ont fait grand bruit du mauvais vouloir du ministère français qui les paralyserait dans la plupart de leurs moyens. Il est dit notamment à la page 6 du rapport :

« Un conflit international dont tout le monde a gardé le souvenir était venu rendre délicate la proposition à faire au gouvernement de laisser passer entre les mains d'une compagnie étrangère une exploitation considérable située sur le territoire français. Nous nous trouvions, par le fait seul de notre traité avec la Société générale d'exploitation belge, en présence de préventions et d'inquiétudes que nous n'avons pas à apprécier ici, mais qui pour nous sont incontestables; préventions et inquiétudes qui s'exprimaient d'ailleurs hautement et se produisaient par des actes tels, par exemple, que le refus implicite du traité passé avec la compagnie belge pour l'exploitation de la section de la frontière à Dunkerque, qui ne comporte cependant que 14 kilomètres. »

Les membres de la Chambre consultative de Roubaix ont tenu à être fixés au juste sur les persécutions dont ces messieurs du Nord-Est se prétendaient victimes. Voici la réponse qu'ils ont reçue de M. le ministre:

A Messieurs les membres de la Chambre consultative des arts et manufactures de Roubaix.

« Messieurs, vous m'avez fait l'honneur de m'écrire, le 5 avril courant, pour m'informer que la Compagnie du Nord-Est, qui a obtenu la concession de divers chemins de fer dans votre département, a traité avec la Compagnie du Nord pour leur exploitation.

»Nous protestez contre ce traité et ses conséquences, et vous ajoutez que la Compagnie du Nord-Est prétend que des difficultés de toute nature lui sont suscitées par l'administration pour la construction et l'exploitation des chemins concédés et qu'elle s'est trouvée dans la nécessité de traiter avec la Compagnie du Nord pour ne pas compromettre les intérêts qui lui ont été confiés.

»Je m'empresse de vous faire savoir que je n'ai pas encore été saisi du traité que vous me signalez et que c'est seulement quand je l'aurai reçu que je pourrai soumettre cette affaire à une instruction approfondie, en tenant grand compte des observations présentées par votre Chambre consultative.

»En ce qui concerne les plaintes de la Compagnie du Nord-Est contre les dispositions de l'administration à son égard, je dois dire qu'une seule demande a été jusqu'ici adressée par elle à mon ministère. Cette demande avait pour objet d'obtenir l'approbation d'un traité passé avec la Compagnie belge des Bassins houillers du Hainaut pour l'exécution à forfait de toutes les lignes comprises dans les concessions faites à la Compagnie du Nord-Est et par conséquent la modification de l'article 27 de son cahier des charges.

»Cet article est ainsi conçu :

« Article 27. Les travaux seront exécutés sous le »contrôle et la surveillance de l'administration.

»Les travaux devront être adjugés par lots et sur »série de prix, soit avec publicité de concurrence, soit »sur soumissions cachetées, entre entrepreneurs »agréés à l'avance : toutefois, si le conseil d'adminis»tration juge convenable, pour une entreprise ou une »fourniture déterminée, de procéder par voie de régie »ou de traité direct, il devra, préalablement à toute »exécution, obtenir de l'assemblée générale des action»naires l'approbation soit de la régie, soit du traité.

»Tout marché général pour l'ensemble du chemin »de fer soit à forfait, soit sur série de prix, est dans »tous les cas formellement interdit.

»Le contrôle et la surveillance de l'administration »auront pour objet d'empêcher la Compagnie de »s'écarter des dispositions prescrites par le présent

»cahier des charges et spécialement par le présent »article et de celles qui résulteront des projets »approuvés. »

»Avant de me prononcer sur la proposition de la Compagnie, évidemment contraire aux termes du cahier des charges, j'ai cru devoir cependant, par un esprit de bienveillance, consulter le Comité consultatif des chemins de fer. Ce comité, sur le rapport de trois de ses membres les plus compétents, a émis l'avis qu'il n'y avait pas lieu de donner suite à cette demande. Telle est la seule décision que j'ai eue à prendre en ce qui concerne la Compagnie du Nord-Est, et cette décision était commandée par les termes mêmes du cahier des charges.

»En ce qui touche l'exploitation, aucune proposition ne m'a été adressée et je me réserve d'examiner avec soin les demandes qui pourraient être faites à cet égard.

»D'après ce qui précède, vous remarquerez que l'administration n'a fait que l'usage le plus légitime et le plus modéré de son droit de contrôle et que les plaintes de la Compagnie ne sont nullement fondées.

»Recevez, Messieurs, l'assurance de ma considération très distinguée.

»Le ministre des travaux publics,

»Mis de Talhouet.»

Faut-il se demander qui a dit vrai de M. le ministre ou des auteurs du rapport à l'assemblée des actionnaires ? En vérité, nos hommes d'Etat sont pleins de patience avec les impudences des financiers. Il ne faudrait pas la moitié de tout cela pour faire cribler de communiqués et d'amendes un journal de la gauche.

Il est peut-être heureux que cette équipée se produise à propos d'une concession dont M. Plichon a été, comme député et comme conseiller général, le grand metteur en œuvre. Il n'est pas possible que le ministre subisse une pareille situation.

Puisse-t-il, élargissant le point de vue et envisageant d'ensemble les conditions faites au pays par les traditions de ses prédécesseurs, d'accord avec l'oligarchie financière, trouver une solution qui porte plus haut que le cas spécial de la Compagnie du Nord-Est !

A côté des intérêts froissés, il y a, pour nos assemblées législatives, une question de dignité qui, nous l'espérons, ne les laissera pas non plus indifférentes. Exécutif et législatif sont également bafoués. Il est temps que les mesquines susceptibilités de M. le garde des sceaux et les basses intrigues de ses compétiteurs cessent d'absorber l'attention au préjudice des seuls vrais intérêts nationaux.

FIN DU MÉMOIRE.

ANNEXE.

CONTROVERSE : OBJECTIONS ET RÉPONSES.

I.

L'*Echo du Nord*, qui a publié ce mémoire dans les numéros des 22-28 mai 1870, a reçu de M. le comte de Melun, la lettre suivante, insérée dans le journal du 3 juin :

Monsieur le Rédacteur,

On me communique un article de l'*Echo du Nord* où je suis mis en demeure de répondre aux accusations portées contre les concessionnaires de la Compagnie du Nord-Est dans un travail de M. Georges Duchêne que vous avez publié.

www.ingramcontent.com/pod-product-compliance
Ingram Content Group UK Ltd.
Pitfield, Milton Keynes, MK11 3LW, UK
UKHW021654260726
13994UKWH00003B/1460